AF316364

MÉTHODE DE LECTURE ET D'ORTHOGRAPHE USUELLE,

Par Edouard COUTURIER, Instituteur.

a e i y — o u é è —

b c ç (ce) d — f g h

j — k l m n — p q

r s — t v x z.

---

ba be bi by bo bu bé bè —
ca co cu — ce ci cy cé cè —
ça çu — ga go gu — ge gi
gy gé gè — ja je jo ju jé —
ka ke ki ko — la le li ly —
mo mu mé mè — na ne ni
no — py pu pé pè — ra re
ri ro — sy su sé sè — ta te
ti ty — va ve vu vé — xa
xé — za ze zi zy zo zu zé
zè.

A B C D E F G H

a b c d e f g h

I J K L M N O P

i j k l m n o p

Q R S T U V X Y

q r s t u v x y

Z.

z.

Do ré mi fa *sol* la si do —
Do si la *sol* fa mi ré do.

Un mon ton son.

Mon dé, un lé, le ru, un
té — Une fève, ma cage,
l'été, une page, du coke, son
képi — Remy lira vite —
René ira à la noce — Papa
a jeté sa pipe — Zoé a vu le
pape à Rome — Luce lave
le pavé — Je dîne ici à midi.

Dans le but de faciliter l'épellation de mémoire que l'on peut considérer comme la base de l'étude de la lecture par l'ancienne épellation, les exercices et les phrases de la Méthode ne sont composés que de mots simples et usuels d'une et de deux syllabes.

En vente chez l'auteur à Vaucelles et Beffecourt, par Laon (Aisne.)

PRIX : L'EXEMPLAIRE 15 cent., LA DOUZAINE 1 fr. 30, LE CENT 9 fr. 80.

TABLEAUX : 1 fr.

DU MÊME AUTEUR:

Manuel de préparation à la Lecture courante et à l'Orthographe usuelle.

4re PARTIE. — Phrases composées de mots d'une syllabe, ex : *Prie Dieu du fond du cœur, car tu lui dois tout.*

2me PARTIE. — Phrases composées de mots d'une et de deux syllabes, ex : *Un mauvais fils fait la honte de ses parents.*

La 3e et la 4e PARTIE sont graduées dans le même genre.

PRIX : L'EXEMPLAIRE 20 cent., LA DOUZAINE 1 fr. 90, LE CENT 14 fr. 80
(Envoi franco par la poste.)

AVIS. — Les syllabes d'un même mot ne sont pas séparées dans la Méthode de lecture, afin de laisser à chacun la faculté de les séparer à sa manière par des traits verticaux à l'encre ou au crayon ; car la meilleure Méthode, la plus féconde en résultats, est sans contredit celle qui rentre le plus dans les idées du maître qui l'emploie. Par ce moyen on évite le grave inconvénient de ne présenter à l'enfant dans la lecture que des mots décousus.

LAON. — Imp. de A. MAQUA, rue St-Martin, 25.

MÉTHODE DE LECTURE ET D'ORTHOGRAPHE USUELLE,

Par Edouard COUTURIER, Instituteur.

Le rôti a été salé — L'épi a muri vite — La lune se lève déjà — La fève de Moka.

La lie, une pie, la rue, la vie — La gelée, la fumée, la nuée — Ton pot — Mon sabot, le galop — Un bas, du jus, du riz — Un radis, du lilas — Mon amie a une jolie robe — Ma mère a puni Julie — Marie a une jupe sale — Zélie a bâtu l'âne têtu — Lucie a bu du sirop — Denis ira à Paris — Jules a fini mon petit baril — Le gigot sera rôti.

---

ab ap ac ad af al ar ag as at — if ig ir il im is — ob oc of ol op or os ox — ul up ur us ut — ef el ep er es ex.

Un if — Une arme, un orme, une urne — Irma a reçu un ordo du curé — Emma a vu mon abcès — Anna a mis une ortie à côté de mon cabas.

Du fil, un vol, du sel, ce bac, un bec, mon sac, du fer, la mer, ce mur, l'or, un ver, le Sud, ce coq, du lok, un cor, une vis, la dot, le gaz — Mille, une porte, mon canif — Luc a perdu sa serpe — Silvie a volé une gerbe d'orge — Marcel a reçu un joli atlas — David fera du mastic mardi — Le garde de Félix a été soldat — Victor a fini sa carte — Alix a mal à la gorge.

La mort, ta part, le Nord, le mors — Le porc de Bernard sera tué mardi — Le lard sera salé par Robert — Albert a jeté le marc du café — Gérard dort sur le bord du lit.

Ta clé, un cri, le pli, la glu, mon pré — Votre crible, ta règle, un cercle — Clovis a mordu son frère — Clara a bu de la crème — Flore a perdu son sucre — Irma a tué une grive — Le blé a mûri à notre gré.

MÉTHODE DE LECTURE ET D'ORTHOGRAPHE USUELLE,

Par Edouard COUTURIER, Instituteur.

Notre cric, ton plat, notre clos, du gré — Alix a tué une perdrix avec ce croc — Félix a sali son surplis sur le verglas.

Ce bloc — Alfred sera l'ami de Prosper.

cha che chi chy cho chu ché chè — La chape du curé — Luc a bu une chope de cidre — Silvie a cru ma chèvre morte — Elle a vu la chute du chêne.

Ton chat a pris ce rat à la cave.

Un choc — Michel sera chef de gare — Charles m'a pris une dragée — Richard sera très-riche.

pha phe phi phy pho phu phé phè — La vache de Sophie a une corne cassée.

Le zéphyr.

gna gne gni gny gno gné gnè — Mon cheval a gagné le prix — Ce cygne a été tué sur la glace — Il partit sur un signe de son père.

Ma cognée.

Agnès a vu le signal du départ.

qua que qui quo qué què Quatre — As-tu vu le cheval phénix du cirque — La barque de Jacques a un mètre de large.

gua gue gui gué — Du gui, un gué — Ta bague, une guigne — Azor a guéri de la rage — Une guêpe m'a piqué à la tête — Michel a mis son orgue près de la nef.

geô gea — La geôle — Le cygne nagea sur le canal.

Georges a bu de l'orgeat.

on — Du son — Onze, mon ongle — Gaston a reçu du bonbon de sa mère — Léon m'a donné un pigeon gris — Simon fera un bon maçon

MÉTHODE DE LECTURE ET D'ORTHOGRAPHE USUELLE,

Par Edouard COUTURIER, Instituteur.

Ce petit garçon a sucé un glaçon.

Un gond, le pont, son front, mon jonc, le fond — Edmond a taché le plafond.

om — Son nom — Ton prénom, l'ombre, mon compas — Georges a donné un surnom à Jules — Félix a prié sur la tombe de son frère.

Le plomb a tué la grue.

ai — Mai, un geai — La laine — Claire m'a donné son balai — La graine tombe sur le sol — Le curé a monté les degrés de la chaire.

Une claie, la craie, sa plaie, une raie, du lait, le dais, un rais, la paix — Le laquais m'a prêté de la monnaie — Le canard se cacha près du marais.

L'air — Le pigeon a la chair très-bonne.

ay — Un rayon — Raymond a perdu son crayon.

ei — Treize, seize — La reine a un peigne d'or massif.

ey — Anna a vu le bey de Tunis à Londres — Votre jokey mène ton poney.

Un cep, ton nez, ma clef — Un navet, le chevet — Mon corset est trop large — Roger s'est cassé le bras sur le rocher.

eu — Le jeu, du feu — Un cheveu — Mon neveu est charron — J'irai jeudi à la fête.

Une queue — Cet arbre est creux — Un et un font deux.

Une fleur, neuf — Un nageur, la sueur — J'ai vu d'ici la lueur du feu — Le beurre était cher au marché — Le cognac est une liqueur.

MÉTHODE DE LECTURE ET D'ORTHOGRAPHE USUELLE,
Par Edouard COUTURIER, Instituteur.

œu — J'ai fait vœu de faire maigre — Le comte a fait une bonne œuvre — Il y a un nœud à cette corde.

Mon cœur — Ma sœur m'a offert un œuf.

oi — Le roi — Une poire — Emma a mis du poivre sur la perdrix — Eloi a taché la toile du portrait.

La soie, la voie, la joie, un toit, le froid, du bois, un pois, ma voix — Raymond m'a pris trois noix — Il a mis de la poix à la queue de l'oie.

Le soir, un loir, du poil, la soif — Je vois que ton miroir te flatte.

oy — Un moyeu — J'ai mis des buches de noyer sur le foyer.

ou — Mon cou, un pou, ce clou, un trou — Douze, une mouche — Un joujou, ton mouchoir — Louis s'est dé-

mis le pouce — Le bouchon sert à boucher — Ma poupée a coûté un sou — Un moine a trouvé la poudre à canon.

La boue, une roue, le bout — Mon époux a reçu un coup à la joue.

Notre cour, votre four, le jour, un bouc — Edmond a fait le tour de la tour — Veux-tu du velours pour faire un col.

au — Un boyau, une taupe — Laure a donné un sou à ce pauvre — Claude m'a jeté un noyau.

Un saut, le chaud, la chaux — Ce levraut a été tué d'un coup de faux — Paul s'est brûlé au réchaud.

eau — Votre seau, notre veau, ma peau — Un perdreau — L'agneau bondit à côté du troupeau — J'aime à revoir mon petit berceau.

MÉTHODE DE LECTURE ET D'ORTHOGRAPHE USUELLE,
Par Edouard COUTURIER, Instituteur.

in — Du lin, le vin, un brin, du crin — Quinze — Martin s'est blessé à l'index — Firmin fera du boudin ce matin — Justin a lavé son pétrin de chêne — Paulin a sarclé le chemin du jardin.

J'ai chez moi cinq mètres de zinc.

yn — Le syndic sera nommé par le juge.

Le lynx voit très-clair.

im — La chèvre grimpe sur les rochers — Trois est un nombre impair.

ym — Emma est jolie comme une nymphe.

ain — Un bain, du grain, du pain, un train, un nain — Du levain — Germain se sert d'étain pour souder — Il a graissé son outil avec du saindoux — Le regain de la prairie est vert — Secours ton prochain, c'est ton frère.

Un parpaing m'est tombé sur les mains.

aim — Ce daim paraît avoir faim.

ein — Son sein, un frein — Ce peintre a fait mon portrait.

Le contre-seing — Jules s'est servi d'un faux seing.

un — On fera de l'alun lundi à Saint-Charles.

Défunt mon oncle était riche.

um — J'aime le parfum des fleurs.

eun — Elle est restée à jeun jusqu'à midi.

en — Il était guidé par Mentor — Le doyen a prêché à la messe.

an — Un an, du cran, notre van — Ton ruban, notre grange, ta canne — Jean a mangé du flan — André s'est coupé à la langue —

MÉTHODE DE LECTURE ET D'ORTHOGRAPHE USUELLE,

Par Edouard COUTURIER, Instituteur.

François a cloué cette planche — La France est notre patrie — Les Français sont nos frères.

Du sang, mon gant, un gland — Bertrand a curé votre étang — Luc sait où est le Levant et le Couchant — Constant a payé ce banc un franc — Armand reçoit des leçons de chant.

am — La lampe, la flamme — Le tambour major a de grandes jambes — Lambert glissa jusqu'au bas de la rampe — Adam est notre père et Ève notre mère.

Un champ — Il y a un camp près de Châlons-sur-Marne.

en — Mon gendre est venu le trente Mars — Les cendres ont passé par cette fente — Un bon enfant aime son papa et sa maman — Saint-Quentin est une ville de France.

Le vent, cent, — Vincent a donné de l'argent à la quête — Clément vend de l'encens aux curés — Laurent a souvent mal à une dent.

em — Un membre — On tinta la cloche du temple.

aon — Ce faon a été piqué par un taon — J'ai vendu mon paon à Laon.

ia — Le piano de Maria n'est pas d'accord — Une vertu est un diamant sur le front — J'ai loué un fiacre pour venir ici.

ié — La moitié du liége plonge dans l'eau — Le loup a été pris au piége — Ayez pitié des pauvres.

iai — Ce grand niais m'a fait peur — On a coupé ce drap de biais.

MÉTHODE DE LECTURE ET D'ORTHOGRAPHE USUELLE,

Par Edouard COUTURIER, Instituteur.

Mon pied — Du papier, notre prunier — Le premier Janvier est un jour de joie — Luc m'a vendu son dernier poirier.

iè — **Ma nièce ne peut pas boire de bière — Paul a surpris un lièvre au gîte.**

. **Le ciel — Le fiel est amer — Pierre m'a vendu cher son miel.**

io — **Casse cette fiole avec ta pioche — Raymond joue du violon à ravir.**

Un loriot a fait son nid sur cet arbre — Ce chariot a versé sur le chemin.

ui — **Un glui — Anna a un bel étui de cuivre — Les tuiles ont été cuites au charbon.**

La suie, une truie, du bruit — La pluie a tombé pendant toute la nuit — Il a changé son biscuit contre un fruit.

On a graissé le cuir avec du suif.

uy — **Il y a une fuite au tuyau de la pompe.**

oui — **As-tu dit oui ou non? — On a lavé la tache de cambouis.**

ieu — **Dieu — L'essieu passe au milieu du moyeu.**

Les cieux — Monsieur, vous avez fait une lieue.

yeu — **Il porte les yeux vers les cieux.**

ian — **La viande du bœuf nous nourrit — Ce mendiant a perdu la vue.**

ien — **Un lien, le mien, le sien — La sienne, la mienne, la tienne — J'ai trouvé un chien : est-ce le tien? — Lucien a brûlé du chiendent — Julien a planté du buis sur la tombe.**

MÉTHODE DE LECTURE ET D'ORTHOGRAPHE USUELLE,

Par Edouard COUTURIER, Instituteur.

ion — Le lion, un pion — L'enfant riche ira en pension — Zoé a une fluxion à la joue.

oin — Un coin — Le cheval mange du sainfoin — La pointe du crayon est trop dure.

Mon poing — L'adjoint a marié à la place du maire.

uin — Au mois de Juin on fane le foin.

ha he hi hy ho hu hé — Mon habit, le héron — Hubert a vendu du hareng cet hiver.

Une haie, une hart — Henri a le hoquet depuis huit heures — Hector a coupé la hure de la bête — As-tu rangé la herse sous le hangar.

Jacques a lu un psaume dans le psautier — Le stère — Félix a vu la statue de Louis-le-Grand — Alix a cassé une vitre et troué le store.

La scierie — Le scieur de long a limé sa scie — Un scion est un petit bâton.

Votre gril, de l'ail, un rail, le seuil, mon œil — La paille, la rouille, un cercueil, ma treille — Le babil de ta fille est charmant — Allons jouer aux quilles sous le tilleul — Juillet voit mûrir les moissons — Il a atteint le tailleur avec un caillou — Les moutons sont rentrés au bercail — Paul a offert un fauteuil au vieillard — Le lever du soleil est mon réveil-matin — Mon œillet a de belles feuilles.

J'irai te voir entre six et dix heures — Xavier a marié son second garçon — Cette femme a soigné le blessé — Le cheval a henni.

MÉTHODE DE LECTURE ET D'ORTHOGRAPHE USUELLE,

Par Edouard COUTURIER, Instituteur.

Mon gosier — La rose est la reine des fleurs — César a cueilli plusieurs fraises — Joseph fut vendu par ses frères — Jésus souffrit la mort de la croix — La rosée a fait rouiller ton fusil — On a besoin de chaises dans une maison — L'oiseau remplit l'air de son chant.

Une nation — Martial m'attend à la station — Luc porta sa portion de viande au pauvre — Le soldat donna sa ration de pain — La potion n'est pas bonne à boire — On fait des frictions avec la main.

L'écho nous renvoie les sons — Le chrétien a fait boire du loch au juif — Un rhume — Mathieu a offert du thé à Esther — Thomas a cueilli du thym au jardin — Une balle a percé le shako d'Arthur — Mon dahlia est fleuri depuis hier — En Août les blés sont mûrs.

Caïn tua son frère Abel — David fut sacré sous le règne de Saül — Des sons plaintifs ont frappé mon ouïe — Un laïc fut nommé second chantre — L'enfant a fait un petit récit naïf — Le père de mon père est mon aïeul.

Jules a copié ce dessin sur son album — Le maître a donné un pensum à Charles — Veux-tu boire du punch ou du rhum ? — Le guano est un engrais pour les terres — Le duc de Guise était un chef actif — J'eus, tu eus, ils eut, nous eûmes, vous eûtes.

Les brebis bêlent; elles paissent l'herbe — Les chiens aboient; ils gardent nos maisons.

Déposé. *Propriété de l'auteur :*

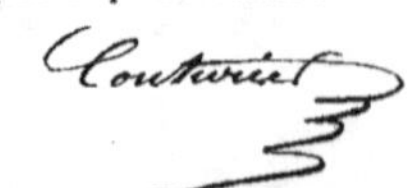